Quedlinburg; Stahlstich nach einer Zeichnung von L. Rohbock, um 1850

QUEDLINBURG

Text von Norbert Eisold
Fotos von Peter Kühn

HINSTORFF

Bildnachweis:
Harzbibliothek Wernigerode: S. 2, 7, 11, 12, 15, 18, 19
Alle anderen Photos: Peter Kühn, Dessau

Titel: Blick von der Altenburg
Rücktitel: Marktkirche

Die Deutsche Bibliothek – CIP-Einheitsaufnahme

Quedlinburg / Norbert Eisold. Fotos Peter Kühn. -
Rostock : Hinstorff, 2002
ISBN 3-356-00926-5

1. Auflage 2002
Druck und Bindung: Neumann & Nürnberger, Leipzig
Printed in Germany
ISBN 3-356-00926-5

Allet, wat de sühst, is din

„Allet, wat de sühst, is din. Du darfst dek bloß nich fat'n lat'n."

Mit diesen oder ähnlichen Worten soll der männliche Nachwuchs des Bergstädtchens Münzenberg über eine der wichtigsten Grundregeln seiner künftigen Existenz instruiert worden sein. Auf diese Weise erhielt er noch vor der christlichen die „Münzenberger Taufe", und zwar in den unsicheren Händen seiner Erzeuger, mit nacktem Hintern und schreiend, aus dem Fenster gegen das reiche Quedlinburg gestreckt. So jedenfalls will es die in der Stadt beliebteste Anekdote über die bislang letzte originäre Sozietät jenes Berges, der in älteren Darstellungen immer als kleinerer Zwilling des viel berühmteren Schloßberges erscheint.

Als „Monsion-Berg" sollte der über die Jahrhunderte hinweg unter anderem als „Montzingeberg" oder „Unzingeberg" Bezeichnete nach dem Willen der gelehrten Geistlichkeit gar mit dem heiligen Berg Zion verwechselt werden. Zwar hatte die Reichsäbtissin Mathilde, „des Kaisers Perle und Tochter", bereits 986 ein Kloster auf der Kuppe gegründet. Doch dessen nach den Stürmen des Bauernkrieges wüst gewordene Mauern verschwanden bald in beziehungsweise unter den schiefen Provisorien jener pittoresken, wieder und wieder erneuerten und reparierten Häuslein, deren Struktur noch heute den Charme der Höhe ausmacht. Und während unter ihr die künstlichen Felssäle der „Zwergenlöcher" auf Erschließung harren, steigt oben der die Dächer urtümlich übertölpelnde Schornstein wie eh und je aus seiner Schwarzen Küche.

Auf Veranlassung des Damenstiftes, unter dessen Regierung der Münzenberg bis zur Säkularisation der Jahre 1802/03 stand, hatten seit dem letzten Viertel des 16. Jahrhunderts Nicht-Seßhafte, Arme und andere „schwierige" Leute auf dem Berg zu siedeln begonnen. Um die zweihundertundfünfzig waren es im Jahr 1715. Glaubt man den Aufzeichnungen der Familienchronik des zu dieser Zeit als Oberhofprediger tätigen Elias Andreas Goeze, befanden sie sich „in größter geistlicher Verwahrlosung", welche offenbar trotz der damals durch Goeze eingerichteten Schule und anderer Disziplinierungsversuche nie ernstlich in Gefahr einer Besserung geriet.

Fragt die Frau den von der Messe heimkehrenden Mann: „Von wat hat denn de Paster jepredicht?"

Antwortet der aus der Kneipe nach Hause kommende Mann: „Von de Sünde."

Frau: „Na, und wat hat hei davon vertellt?"

Mann: „Hei is dajejen!"

Unübertreffliche Lakonik paart sich mit Witz und Sarkasmus. Und es war nicht die pure moralische Empörung, die solche Storys zum gutbürgerlichen Nachtisch in der Stadt servierte. Da klingt neben Ironie, Herablassung und Verachtung viel Mitmenschlichkeit und das Bewußtsein der Möglichkeit mit, daß die Karriereleiter nicht auf den Gipfel des Ruhmes, sondern auf den „Münzenberg" führt. Vielleicht ist es auch der geheime Wunsch, daß es so sein möge, daß man statt eines Lebens im beengenden Korsett der Bürgerlichkeit das scheinbar losgelöste des Vagabunden zu führen den Mut fände.

Münzenberger nämlich, so eine weitere anekdotische Verkürzung, wurden Diebe, Kesselflicker oder „Prager Musikanten" – nicht von der Stadt an der Moldau, sondern dem rotwelschen „Pracher", das heißt Bettler, abgeleitet –, also fahrende Leute, Bettelmusikanten. Ein letztes Original dieser Spezies war der bis gegen Ende des 19. Jahrhunderts umherziehende „Trollpapa", gleichsam wie aus den „Zwergenlöchern" entsprungen, gnomenhaft klein, unrasiert und immerfort Selbstgespräche führend, hielt er die Ziehharmonika zwischen den Händen, trug die mit dem Fuß betriebene Pauke auf dem Rücken und einen Schellenkranz auf dem Kopf. Auf dem Weg von einem Dorf ins andere, an einen Grenzstein gelehnt, ist er im Schnee erfroren.

„Allet, wat de sühst, is din."

Vom oberen Podest der nach Osten hinabsteigenden Schultreppe ist es fast die ganze Stadt: die gotischen Turmhelme der Aegidiikirche und des Schreckensturms im Nordosten, die Stadttürme zu beiden Seiten der Lindenbeinschen Villa an der nahen Wallstraße, die Nadelspitze der Marktkirche über einer gewaltigen Westwand und das stumpfere Doppelzelt von St. Blasii im Dächergewirr um den altstädtischen Markt; dazu, als Pendant, die beherrschende Landmarke des Turmpaares von St. Nikolai, der Kirche der Neustadt, und plötzlich, unerwartet nah, die von einem Giebelkranz aus Renaissanceformen umstellte Stiftskirche, die Diva unter den Silhouetten der Stadt. Sie ist der Dreh- und Angelpunkt des Quedlinburger Tourismusgeschäftes, „obskures Objekt" fotografischer Begierden mit einem Herzen aus Edelsteinen, Gold, Gewändern und dem prächtigen Pergament des Samuhel-Evangeliars.

Alles, was du siehst, ist dein.

Mein Quedlinburg fängt sozusagen im blinden südlichen Winkel an. Es liegt an der Stelle, auf die sich auch seine erste Nennung im Jahr 922 als „villa, quae dicitur Quitilingaburg“ in einer Urkunde König Heinrichs I. bezieht. Der Turm, der dort mit seinem gründerzeitlichen Märchenkopf die umliegenden Gebäude und Bäume der Bodeaue überragt, ist die Krönung einer schloßartigen Villa. Ein Gutsbesitzer namens Baensch hat sie sich um 1900 aufführen lassen. Heute hat dort die Landesfachschule für Gartenbau ihren Sitz. Der Königshof Heinrichs I., der hier einst auf der Kante der Flußaue saß, hatte gewiß bescheidenere Ausmaße und bestand aus vergänglicheren Materialien. Und was die Besiedlung des Fleckens betraf, war Heinrich beileibe nicht der erste.

Schon im 9. Jahrhundert hatte die fränkische Missionierung nach dem Ort gegriffen und eine dem Heiligen Wigbert gewidmete kleine Kirche bauen lassen. Der angelsächsische Benediktiner Wigbert war erst 747 in Fritzlar gestorben und einer jener auswärtigen Missionare, die den Sachsen von der neuen fränkischen Herrschaft zunächst als geistige Führungskräfte und später als Schutzpatrone und Märtyrer des neuen Glaubens ins Land gepflanzt wurden. Seinen durch langen mündlichen Gebrauch verschliffenen und mit dem kitzligen i als Wiperti der städtischen Kirchenfamilie von Blassii, Benedicti, Aegidii, Nikolai und Servatii anverwandelten Namen trägt neben dem vierten Nachfolgebau des Missionskirchleins und dem angrenzenden Wirtschaftshof auch der zugehörige Friedhof.

Das romantische, von alten Bäumen geschmückte Areal stammt aus einer Zeit, als sich noch Engel auf den Gräbern niederließen. Steinerne Särge oder Urnen zeigten an, womit genau man es hier zu tun hatte, nämlich mit dem Tod.

Das zu dem als Kapellenberg bezeichneten Hügel ansteigende Gelände besitzt auf der anderen Seite des im Volksmund als „Arschkerbe“ benannten Straßeneinschnitts im Servatii-Friedhof sozusagen seine zweite „Backe“. In zwei Etagen sind Gruftstollen in den anstehenden Sandstein getrieben. Hier lagern die sterblichen Reste Quedlinburger Prominenz.

Wie sich die immer noch weitgehend romanisch geprägte, schlichte Wipertikirche heute präsentiert, ist ein Ergebnis von Neubauten, Zerstörungen und dem letztlich geglückten Rettungsversuch in den fünfziger Jahren des 20. Jahrhunderts. 1956 zum Beispiel setzte man das vor allem durch seine lebendige Plastizität beeindruckende romanische Stufenportal der bereits erwähnten Klosterkirche vom Münzenberg in die Außenwand des südlichen Seitenschiffes ein.

Berühmt aber ist die Kirche vor allem durch ihre um das Jahr 1000 in einen älteren Bau eingefügte Krypta. Wegen ihrer als altertümlich verstandenen Gestalt ist diese lange Zeit für die alte karolingische Missionskapelle gehalten worden. Vor allem dieses Fehlurteil bescherte ihr 1936 die zweifelhafte Aufwertung als Weihestätte der SS. Für den landwirtschaftlichen Betrieb, der den Bau schon über hundert Jahre als Scheune nutzte, hatte die Krypta bis dahin zum Aufbewahren, zum Kühlen der auf dem Hof produzierten Milch, also als Milchkammer gedient. Den Denkmalpfleger mag das schaudern. Doch die Vorstellung ist wunderbar, statt oder mit dem Bildnis des Gekreuzigten Kannen voll sämiger, weißer Milch in diesem Raum schimmern zu sehen wie in einem Paradies. Eine Verwandlung, wie sie kühner nicht erfunden werden könnte, und ein Beweis dafür, daß die Wirklichkeit uns eigentlich alles schon „vorgedacht“ hat.

So resultiert auch der archaische Eindruck, den die Wipertikrypta durch ihre ungelenke Bauform bei den Besuchern erweckt, nicht zuerst aus ihrem gewiß beachtlichen Alter. Vielmehr ist es das erfinderische, doch handwerklich wenig perfekte Konglomerat ursprünglich nicht füreinander bestimmter Teile, eine Art von sehr direktem Recycling auf einer vernachlässigten Nebenbaustelle. Aber obwohl ein Säulchen verlängert oder ein alter Grabstein als Stütze herhalten mußte, im Ganzen erscheint sie so wundersam lebendig wie das „schiefe“ Leben selbst.

Noch im Jahr 1000 hatte der Glanz des eine Woche lang vom alten Hof seiner Ahnen regierenden Kaisers auch auf dem kleinen, kurz nach 936 an der Pfalzkapelle eingerichteten Klerikerstiftes gelegen. Vierhundert Jahre nach seiner Gründung verwüstete es ein Rachezug der Stadtbürger, denn gegen die hatte es der berüchtigte „Raubgraf“ Albrecht II. von Regenstein als militärische Basis in Beschlag genommen. Abermals zweihundert Jahre später trieben wütende Bauernhaufen die Stiftsherren endgültig aus ihrem Nest. Die Kirche wurde Pfarrkirche, und das Gut unterstand nun dem Damenstift auf dem Burgberg, bis im Jahr 1802 auch dieses fiel, und zwar zunächst in preußische, dann in französische, schlußendlich aber – nachdem Napoleon geschlagen war und sein königlicher Bruder Jérôme das Inventar des Quedlinburger Schlosses noch flugs unter den Hammer gebracht hatte – wieder in preußische Hände, welche nun ihrerseits fortfuhren, viele Stücke des einst kirchlichen Besitzes einfach zu versilbern. Sogar der alte Waldbestand des Brühl, des viel besuch-

Schloßberg und Westendorf; um 1930

ten, von Nachtigallen und Liebespaaren gleichermaßen durchklagten „Lusthölzchens", des „Quedlinburgischen Tempe" (Tempe: die wegen ihrer Wildheit und Romantik berühmte, vom Peneios durchflossene Felsschlucht in Thessalien), sollte abgeholzt werden. Daß sich der preußische König Friedrich Wilhelm III. endlich doch dazu durchrang, der Stadt den alten Waldpark zum Geschenk zu machen, scheinen ihm zumindest die Nachtigallen nie vergessen zu haben, denn ihr gedehntes Friedrich-Wilhelm, das sogenannte Anschleifen vor dem eigentlichen Gesang, erfüllt noch immer jedes Frühjahr die Bodeaue.

Die „Kathedrale des Reiches"

Ein Umweg über den Brühl von Wiperti in die Stadt ist auch deswegen kein verfehlter, weil sich dort, noch vor dem Park, mit Blick über den ehemaligen Abteigarten, der Schloßberg von seiner imperialen Seite und die Stiftskirche als wirkliche „Kathedrale des Reiches" präsentieren, so unvermittelt massiv und selbstverständlich scheinen ihre Wände in der flachen Auenlandschaft zu stehen.

Dort mag ich mir noch vorstellen, was am legendären Finkenherd mit seiner malerischen Winkligkeit heute weniger denn je gelingen will, daß nämlich Herrn Heinrich hier die Nachricht seiner Königswahl überraschte und er sich damit statt des gewünschten Finken einen Adler fing. Einmal davon abgesehen, daß der sächsische Herzog sich zu dieser Zeit nachweislich nicht in Quedlinburg aufgehalten hat und andere Überlieferungen ihn mit seinen Söhnen Otto und Thankmar auf Vogelfang bei Dinklar nahe Hildesheim sehen, die Gründe hinter der sagenhaften Idylle sind nicht nur lehrreicher, sondern zugleich spannender.

Der Haushistoriker der Sachsen, Widukind von Corvey, hat König Heinrich I. als „maximus regum Europae" gewürdigt. Heinrich begann früh, sich dieses Lob zu verdienen. So vergrößerte er den Hausbesitz unter anderem durch zwei Heiraten. Hatheburg, Erbtochter des Grafen Erwin von Merseburg, brachte ihm Ländereien im Osten in die Ehe, die Heinrich nach der mit fadenscheinigen Gründen durchgezogenen Scheidung kurzerhand einbehielt. Mathilde, die zweite seiner Frauen, war noch vermögender als ihre Vorgängerin. Außerdem stammte sie aus dem populären Geschlecht des wegen seines Widerstandes gegen die Einverleibung Sachsens in das Frankenreich Karls des Großen als „Volksherzog" verehrten Widukind. Nun, da es darum zu gehen schien, im Nest des zerfallenden fränkischen Reiches ein noch undeutliches deutsches unter sächsischer Hegemonie auszubrüten, konnte Mathilde die Rolle einer symbolträchtigen Glucke spielen.

Ehe es Mai 919 in Fritzlar zur Königswahl kam, hatte der „nüchterne Hausvater" Heinrich nicht nur die sächsische Kirche aus dem Reichskirchenverband gelöst und unter herzogliche Gewalt gestellt. Es wird, wie heute, neben der Schaffung machtpolitischer Tatsachen vermittels informeller Treffen auch Absprachen gegeben haben, das weite Feld pragmatischer Diplomatie zwischen Ergebung und Konfrontation, zwischen vorsichtiger Taktik und entschiedenem Zugriff, das der künftige König virtuos beherrschte. So lehnte er etwa die ihm nach seiner Wahl zum König von Erzbischof Heriger von Mainz angebotene Salbung ab, berief aber Heriger kurze Zeit darauf in das Amt des Erzkappelans. Dem Affront gegen die Reichskirche schien eine Demutsgeste zu folgen. De facto aber bedeutete die Berufung die geschickte Verpflichtung bedeutender kirchlicher Repräsentanten in das junge Staatsgefüge. Mit wieviel kluger Vorausschau Heinrich an den Ausbau seines Reiches ging, wie er die Grenze zum westfränkischen Reich sicherte, die Einfälle der Ungarn zunächst durch teuer erkauften Waffenstillstand band und endlich verhinderte, oder wie er die Einheit im Innern gegen den von den süddeutschen Stämmen zum König gewählten Herzog Arnulf von Bayern bewahrte, das alles verdient höchsten Respekt.

Der Erwerb der noch heute unter den Reichskleinodien in der Wiener Hofburg befindlichen „Heiligen Lanze" und Heinrichs nur durch seinen Tod vereitelter Plan, nach Rom zu ziehen, zeigen ihn zuletzt tatsächlich als europäisch und imperial denkenden Herrscher in der Nachfolge Karls des Großen. Und erst vor dem Hintergrund dieser Machtbewegungen, dieser Verschiebung der Kräfte, ist der Aufstieg Quedlinburgs zu begreifen, der den bis dahin unbedeutenden Flecken am Ostrand des alten Frankenstaates zu einer der Keimzellen eines deutschen Reiches und für etwa einhundert Jahre zu einer der Metropolen europäischer Politik werden ließ.

Allein die Statistik ist beeindruckend. Zwischen 922 und 1207 sind 69 Aufenthalte deutscher Könige oder Kaiser in Quedlinburg nachweisbar. Fünf der von König Heinrich I. überlieferten Urkunden wurden hier ausgefertigt.

Zahlreich und gewichtig sind die politischen Ereignisse vor allem des 10. Jahrhunderts, die mit Pfalz und Stift Quedlinburg verbunden sind. So entzündeten sich hier unter anderem die Auseinandersetzungen um den noch minderjährigen Thronfolger in der Zeit des Reichsregiments der Kaiserinnen Theophanu und Adelheid, in denen die Byzantinerin Theophanu eine besondere Tatkraft an den Tag legte. Eine Art „Freudscher Versprecher" mag es gewesen sein, als die hochgebildete, früh verwitwete Kaiserin in Vertretung ihres Sohnes einmal mit dem Maskulinum „Theophanius imperator augustus" urkundete. Die festliche Krönung ihres umstrittenen Sohnes, der als „des schönen Kaisers schönster Sprößling" galt, fand auf einem Hoftag zu Ostern 986 in Quedlinburg statt.

Es war nicht das einzige Mal, das eines der legendären, mit viel Aufwand und hochrangigem europäischen Besuch gefeierten Quedlinburger Osterfeste sich mit dem Streit um die Königskrone verquickte.

Heinrich, der jüngere Bruder Otto I., soll im Jahr 941 sogar die Ermordung des Königs ins Auge gefaßt haben. Doch man entdeckte den Plan, und die Verschwörer wurden hingerichtet oder inhaftiert. Den eigentlichen Kopf des Anschlags aber, Heinrich, ließ Otto lediglich in ein Kloster sperren. Als es dem Aufrührer Weihnachten darauf gelang, sich im Büßergewand vor seinen König zu werfen, wurde ihm verziehen, und das obwohl oder aber weil er bereits Mitschuld trug an dem Tod des gemeinsamen Halbbruders Thankmar. Heinrichs Gefolgsleute nämlich waren es gewesen, die Thankmar im Zusammenhang mit Besitzstreitigkeiten in einer Kirche, in die sich der Bedrängte gerettet, gottesfrevlerisch erschlagen hatten. Dieser Waffengang allerdings hatte unter König Otto I. Führung gestanden.

Um die flüchtige Skizze dieses Familiendramas wenigstens halbwegs zu komplettieren, muß noch dem wichtigen Part der Mutter, Stiefmutter und Königswitwe Mathilde gedacht werden. Sie hatte von Anfang an kein Hehl daraus gemacht, daß sie statt ihres Sohnes Otto lieber ihren Letztgeborenen, Heinrich, auf dem Thron des Königs gesehen hätte. Und da sie sich nicht mit dem Wünschen begnügte, sondern die gegen den König angezettelten Aufstände Heinrichs nach Kräften unterstützte, war sie von Otto I., wie der Historiker Friedrich Prinz vorsichtig formuliert, „schlecht behandelt worden“.

Doch statt den verpatzten Anschlag auf sein Leben zu nutzen, die Familie endgültig in die Schranken zu weisen, schien es dem König nicht einmal zu genügen, bloß zu verzeihen. Er erhob den brüderlichen Rivalen zu einem seiner engsten Berater, und Mutter Mathilde bat der gekrönte Sohn „kniefällig um Vergebung“ für die durch ihn erlittenen Zurücksetzungen.

Diese, von heute aus betrachtet, geradezu medialen Gesten von Gnade und Demut, die Otto I. aus einer zu diesem Zeitpunkt unbestrittenen Machtposition heraus zelebrierte, scheinen zunächst nur raffinierte Züge eines genialen politischen Schachspielers zu sein. Der ernste Kern jedoch bestand darin, daß Otto I. die Ansprüche seines Bruders auf die Krone wohl ebenso für gerechtfertigt hielt wie seine eigenen. Sie waren die ersten Königsbrüder eines in fränkischer Tradition stehenden Reiches, die nach dem Tod ihres Vaters nicht durch Teilung dieses Reiches befriedigt wurden. Auf einem Hoftag in Quedlinburg hatte König Heinrich I. bereits 929 den im gleichen Jahr mit der angelsächsischen Prinzessin Edgitha verheirateten Otto als Thronfolger designiert, eine wohl schon damals gegen den Willen seiner Frau Mathilde verfügte Festschreibung, die er sich ein weiteres Mal im Frühsommer 936 von den Großen des Reiches auf einem Hoftag in Erfurt bestätigen ließ, kurz bevor ihn auf seiner Pfalz Memleben der Schlag traf und er am 2. Juli verstarb. Der „größte unter den Königen Europas“, wie Widukind später niederschrieb, „an jeglicher Tugend der Seele wie des Körpers keinem nachstehend, [...] hinterließ einen Sohn, noch größer als er selbst, und diesem Sohn ein großes weites Reich, welches er nicht von seinen Vätern ererbt, sondern durch eigene Kraft errungen und das Gott allein ihm gegeben hatte“.

Denkbar, daß Königin Mathilde es war, die dafür sorgte, daß der Leichnam ihres Gatten nach Quedlinburg gebracht und dort vor dem Altar der kleinen dreischiffigen Pfalzkapelle auf dem Burgberg „mit großer Ehrfurcht beigesetzt“ wurde. So jedenfalls schrieb es der langobardische Geschichtsschreiber und Diplomat Liutprand von Cremona.

Es ließe sich nun darüber spekulieren, ob das Engagement, das die mit reichem Erbe ausgestattete Witwe bei der gleichsam über des Königs Grab vollzogenen Stiftsgründung entfaltete, nicht zugleich auch der Behauptung ihres Anspruchs beziehungsweise dem ihres Lieblingssohnes Heinrich auf den Thron dienen sollte. Der gerade in Aachen gekrönte König Otto I. beeilte sich jedenfalls, die „Vereinigung gottgeweihter Jungfrauen“ unter königliche Schutzherrschaft zu stellen. War das im Jahr darauf in seinem geliebten Magdeburg gegründete, reich begabte Benediktinerkloster eine Art Konkurrenzgründung? Und ist es vielleicht kein Zufall, daß im Todesjahr seines einstigen Rivalen und Bruders Heinrich – es war auch das Geburtsjahr seiner Kinder Otto und Mathilde – der Bau jener ottonischen Kathedrale an diesem Kloster begann, die Otto I. zum Sitz eines neu zu schaffenden Erzbistums auserkoren hatte? Wir wissen es nicht.

Von dem Tag im November 955 aber, da die Königinwitwe Mathilde die Nachricht vom Tod ihres Lieblingssohnes erreichte, soll sie ihre königlichen Gewänder und Geschmeide abgelegt und fortan nur noch klösterliche Trauergewänder getragen haben. Vermutlich erst dieser endgültige Verlust einer in welcher Gestalt auch immer erhofften weltlichen Zukunft ließ sie zu jener Heiligen reifen, als die sie in den Annalen beschrieben und nach ihrem Tod von der Nachwelt spontan verehrt worden ist.

Dem inzwischen zum Kaiser gekrönten Sohn Otto I. gelang es in ihrem Sterbejahr, sein lange gewünschtes Erzbistum Magdeburg vom Papst bestätigt zu erhalten und das Stift Quedlinburg aus dem Verband des Halberstädter Bistums zu lösen, also dem Papst direkt zu unterstellen. Schon 966, zwei Jahre vor dem Tod seiner Mutter, hatte der Kaiser seine elfjährige Tochter auf den Äbtissinnenstuhl zu Quedlinburg gesetzt. Sie, die den gleichen Namen wie ihre Großmutter trug, sollte nicht nur die erste, sondern zugleich die berühmteste auf diesem Posten sein. Die als „patricia“, als „Fürstin des Reiches“ auf einem Ehrenplatz „zu Häupten ihres Großvaters“ Bestattete zog nicht nur mit ihrem Bruder und seiner Gemahlin Theophanu nach Italien. Ihr Neffe, Kaiser Otto III., erkor sie auch dazu, während seines Italienfeldzuges ab 997 von Quedlinburg aus die Geschicke des Reiches zu lenken. Nicht zuletzt ist es ihr Wirken auf die geistige Entwicklung des mit zwei Schulen verbundenen Stiftes, dem sie ihren Ruf verdankt. So widmete ihr der bereits erwähnte Widukind von Corvey sein dreibändiges Werk zur sächsischen Geschichte.

Natürlich, von den Räumen, in denen sich diese Geschichten abspielten, von der originären Architektur der als „Kathedrale des Reiches“ gerühmten Stiftskirche aus der Zeit der sächsischen Kaiser, ist uns fast nichts geblieben: Die sogenannte „confessio“ – ein hufeisenförmig eingetiefter, von Bögen und Säulchen gegliederter Raum in der heutigen Krypta östlich der Königsgräber – war vermutlich Teil eines kryptenähnlichen Bauwerks unter dem Altar der Kirche, das Königin Mathilde anläßlich der im Jahr 961 erfolgten Überführung der Gebeine des Heiligen Servatius von Maastricht nach Quedlinburg hat anlegen lassen. Da ist der monolithisch wirkende steinerne Sarg Mathildes, dessen walzenförmiger Deckel mit seinem wenig erhabenen Kreuzrelief und den fast den ganzen Stein bedeckenden großen Buchstaben einer römischen Capitalis, ein Artefact, scheinbar zeitlos. Da sind die beiden westlichen Joche der Krypta aus der Zeit um das Jahr 1000, kenntlich an den Säulen mit Pilzkapitellen, wie sie auch in der Krypta der Wipertikirche verwandt worden sind. Und da ist die kleine Kapelle St. Nicolai in vinculis, etwa aus der gleichen Zeit, verborgen unter dem Ostende des südlichen Seitenschiffes der Kirche. Das sind die sichtbarsten Zeugnisse.

1070 vernichtete ein Großbrand neben der unter Äbtissin Mathilde begonnenen neuen Stiftskirche auch die übrigen Gebäude des Burgberges. Die heutige Stiftskirche ist im wesentlichen der 1129 unter Anwesenheit des vier Jahre später zum Kaiser gekrönten sächsischen Herzogs Lothar von Supplinburg geweihte hochromanische Bau. Den für Sachsen typischen doppeltürmigen Westquerriegel allerdings erhielt sie erst 1877–82, wobei die damals aufgesetzten steilen Turmhelme nach dem Zweiten Weltkrieg durch niedrige Zeltdächer ersetzt worden sind. Vom Versuch, die romanische Kirche durch eine dem Zug der Zeit entsprechende gotische zu ersetzen, zeugt dank einer glücklich eingetretenen „Finanzierungslücke“ heute nur der um 1320 geweihte Chor, dessen Inneres jedoch durch „romanische“ Formen verblüfft. Die kalte Perfektion der im Verhältnis zum Raum zu großen Apsis und der ein wenig zu martialischen Treppenanlage ist Produkt nationalsozialistischer Bemühungen, die Stiftskirche mit dem Grab des als Reichsgründer stilisierten Königs Heinrich I. zu einer „Festhalle eines starken, allgewaltigen Schöpfers“ zu machen – wie sie der „Völkische Beobachter“ anläßlich der Feierlichkeiten zum 1000. Todestag Heinrichs I. schon 1936 halluzinierte. Auch der Makel der abhanden gekommenen Gebeine des großen Sachsen ließ sich im Folgejahr durch ein weibliches Skelett beheben, das man bei den zum Erfolg befohlenen Grabungen gefunden und kurzerhand zu dem Heinrichs erklärt hatte. „Herr Heinrich“, titelte „Das Schwarze Korps“ am 8. Juli 1937 zwischen Fotos, die unter anderem die mystisch beleuchtete, leer geräumte Kirche mit Hakenkreuz und SS-Runen zeigten, „Herr Heinrich hat nun seine Ruhe“...

Es war bekanntlich die Ruhe vor dem Sturm. In der Nacht des 9. November im Jahr darauf splitterte auch in Quedlinburg das Glas der Schaufenster, und auf der Steinbrücke verbrannte der braune Mob als Symbole ihrer jüdischen Inhaber schon einmal Strohpuppen, eine Probe für den planmäßigen Völkermord und für den Weltkrieg, aus dem Quedlinburg glimpflich davonkam. Das Ausmaß grotesker Verblendung demonstrierte der ehemalige Bürgermeister mit Namen Selig, als er sich kurz nach Kriegsende in einer Meldestelle der amerikanischen Besatzer – in voller SS-Montur, ein letztes „Heil Hitler“ und das Wort „Treue“ auf den Lippen – eine Kugel in den Schädel schoß.

Nein, von den Gemäuern der quasi unter den Augen der sächsischen Kaiser in ihrer Quedlinburger Familienstiftung erwachsenen Bauten hat sich nur wenig erhalten. Überlebt aber hat jener in zahlreichen Nuancen mißbrauchte und mißverstandene Anspruch einer nur Kaiser und Papst verpflichteten geistlich-weltlichen und – was die besondere Färbung hervorbrachte – weiblichen Elite, und zwar über wirtschaftlichen und politischen Niedergang, über Streit und Demütigung hinweg bis in die Zeiten, da aus den Schwertern im Stiftswappen längst und „höchst symbolisch“, wie der Schriftsteller Werner Bergengruen meinte, zwei Tortenmesser geworden waren. Zu dieser Zeit ließen sich dann einige der Damen, die hier ihre Tage verbracht hatten, auch nicht mehr in Stein schlagen, sondern in das vorteilhaft durchlüftete Gruftgewölbe unter dem südlichen Seitenschiff legen. Dort harren sie, den Blick nach Osten, ihrer Auferstehung. Herzoginnen, Gräfinnen sind darunter, auch die berühmteste Pröpstin des Stifts, Gräfin Aurora von Königsmark, der zumindest der männliche Teil halb Europas zu Füßen gelegen haben soll. Ehe sie 1698 nach Quedlinburg kam, wurde sie die Geliebte Augusts des Starken und Mutter eines seiner Söhne. Bis ins ausgehende 19. Jahrhundert hat man die Leiche noch gezeigt, und „Hände und Gesicht der Greisin“, so wird Bergengruen auf seiner Deutschlandreise 1934 berichten, „sollen noch immer Spuren ihrer berühmten Schönheit aufgewiesen haben“.

Über Zerstörungen und Verluste hinweg hat sich dieser Anspruch natürlich und in gewandelten Formen auch immer wieder in Architektur materialisiert. Das trifft für die herrschaftlichen Räume des heute als Museum genutzten Schlosses und vorzüglich für die Kirche zu. Im Kirchenschiff haben ursprüngliche Naivität und

Stiftskirche, Krypta nach Westen; historische Aufnahme

höchster Formwillen einen der edelsten und dabei lebendigsten hochromanischen Räume im nördlichen Europa hervorgebracht. Wobei sich ein guter Teil der Klassizität, die dieser Raum für uns heute auszustrahlen scheint, aus seiner Ausgeräumtheit, aus jener für seine mittelalterlichen Bauherrinnen vermutlich als unerträglich empfundenen „Nacktheit" speist. Wir haben uns die Kirche mit von Altären besetzten Seitenschiffen und stark farbigen Malereien vorzustellen, wie sie sich, als blasse Schatten, fragmentarisch in den Gewölben der Krypta erhalten haben.

Dort wird im Zentrum eines Bildprogrammes, das um die Gerechtigkeit Gottes und die an die Mächtigen der Welt gerichtete Mahnung zu Wahrhaftigkeit kreist, die Geschichte von der schönen, gottesfürchtigen Susanna und ihrem gerechten Richter Daniel in ungewöhnlicher Ausführlichkeit erzählt: Da es ihnen selbst nicht gelingt, Susanna zur sexuellen Hingabe zu erpressen, verleumden zwei der zu Richtern bestellten Ältesten die mit dem reichen Jojakim verheiratete Frau des Beischlafs mit einem Fremden. Sie entkommt dem Tod nur, weil „Gott den heiligen Geist eines jungen Mannes" namens Daniel erweckt, der die Ältesten mit einem detektivischen Trick der Lüge überführt, so daß am Ende das Volk mit den verlogenen Richtern das tut, was diese Susanna zugedacht hatten: Es steinigt die Verleumder.

Nicht nur als allgemeines Gleichnis, auch als Reflex auf sehr reale Verhältnisse läßt sich diese um 1170 entstandene Malerei lesen. Nach der Blüte des gern als „Jahrhundert der Frauen" apostrophierten 10. Jahrhunderts war das Stift unter „fremder" Herrschaft hinfort nicht bloß Übergriffen auf seine institutionelle Macht und seinen Besitz, sondern zuweilen vermutlich auch auf die sexuelle Selbstbestimmung seiner Bewohnerinnen ausgesetzt. Doch klagten die Auftraggeberinnen dieser Malereien nicht nur Gerechtigkeit ein. Mit der letzten, der Geschichte hinzuerfundenen, Szene eines Festes mit Jojakim und Susanna respektive Christus und Ecclesia antizipierten sie nichts weniger als ihre eigene, himmlische Vermählung mit Christus, ihr elitäres Auserwähltsein.

Eine Möglichkeit, sich schon zu Lebzeiten der Nähe, des Beistands oder auch der Kraft der Heiligen zu versichern, stellte die im Christentum seit dem 4. Jahrhundert aufkommende Sammlung und Verehrung von Reliquien dar. Das konnten Teile von Gebeinen sein, Kleider oder Dinge, mit denen Heilige in Berührung gekommen waren. Meist wurden sie direkt in Altäre beziehungsweise Heiligenfiguren eingeschlossen oder in entsprechend wertvollen Behältnissen aufbewahrt, die ihrerseits dann wieder die Sicherung in Schatzkammern erforderten.

Die neuerlich in ihrer historischen Bedeutung mit dem Aachener Domschatz verglichene Quedlinburger Sammlung hat ihre weltweite Publizität einem Diebstahl, oder richtiger, der Entdeckung verloren geglaubter Werke und ihrem erfolgreichen Rückerwerb zu danken. Der Kunstdetektiv Dr. Willi Korte hatte die bei Kriegsende von Joe Meador aus ihrem Auslagerungsstandort in einer Höhle unterhalb der Altenburg gestohlenen Kostbarkeiten 1989 in der Bank eines kleinen texanischen Ortes mit dem bezeichnenden Namen Whitewright entdeckt.

Unter den seit September 1993 wieder in Quedlinburg zu bewundernden Stücken befand sich auch das Samuhel-Evangeliar, ein mit Goldtinte geschriebenes und von faszinierenden Miniaturmalereien geschmücktes „Prachtwerk karolingischer Buchkunst" (Friedemann Goßlau), von dem aber aus konservatorischen Gründen „nur" der wesentlich jüngere Einband im Original gezeigt werden kann. Während die zarten byzantinischen Emaillen auf den feinen Goldzieselierungen des Einbandes vermutlich aus dem Beutegut stammen, das die Kreuzritter 1204 bei ihren Plünderungen in Byzanz gemacht hatten, mögen die aus ihren Fassungen herausgepulten Edelsteine an die Rechnungen erinnern, für deren Begleichung den Stiftsdamen das Geld fehlte.

Und so hat jeder dieser heute vornehmlich als Kunstwerke betrachteten Gegenstände seine sehr menschliche Geschichte, sei es nun das Servatiusreliquiar – geschmückt mit einem römischen Dionysoskopf des 1. Jahrhunderts –, der Servatiusstab, der Kana-Krug, seien es die drei Reliquienhäuser aus spätgotischer Zeit oder der sogenannte Kamm Heinrichs I., eine im 8. Jahrhundert in Syrien oder Ägypten gefertigte Elfenbeinschnitzerei, die erst später ihr königliches Habit in Gestalt zweier goldener Pferdemähnen erhielt.

Stiftskriche, Servatiusreliquiar; historische Aufnahme

Das Westendorf – „Die Stadt am Ende der Welt"

Klopstock dichtete sich seinen Heinrich nicht nur als Kriegshelden, sondern auch als einen „Kaiser" zurecht, der sang, der eher auf seine Krone als auf die Beschäftigung mit der Kunst verzichtet hätte.

Wer Klopstock war?

Ein Mann mit einem „wunderlichen Namen". So hat er sich ein Jahr vor seinem Tod selbst bezeichnet. Lessing hat einen ziemlich albernen Vierzeiler über ihn geschrieben, der, in den obligatorischen Zitatenschatz der deutschen Germanistik eingegangen, seitdem die Rechtfertigung dafür abgibt, die Gedichte Friedrich Gottlieb Klopstocks nicht zu kennen, weswegen hier ausdrücklich auf den nochmaligen Abdruck des Lessingschen Bonmots verzichtet wird, zumal … wer war Lessing?

Das Westendorf, so heißt der vorzüglich von holprigen Katzenkopfplasterstraßen und -gassen durchzogene Stadtteil, in dessen ungefährer Mitte der legendäre Finkenherd liegt, geht vermutlich auf die älteste Kaufleutesiedlung im Westen (darum Westendorf) des Schloßberges zurück und hat nie zu der von einer Mauer umgebenen Altstadt gehört, aber eben auch nicht zum Schloß. Es saß sozusagen zwischen den Stühlen. In der Höhe Altetopfstraße/Carl-Ritter-Straße ist der alte Leerraum nach wie vor spürbar, nicht zuletzt wegen des für innerstädtische Verhältnisse großen Parkplatzes, der da angelegt worden ist.

Wer von dort durch die Lange Gasse zum Schloß aufsteigt und den frei, schmal und spitz zwischen den Straßen kippelnden Giebel des „Finkenhäusels" erblickt, glaubt sich vielleicht noch nicht „am Ende", aber doch schon einmal in eine Welt versetzt, in der es nicht mehr unmöglich scheint, daß ein sich den Bart mit einem Elfenbeinkamm harkender König die Zither der Krone vorzieht. Das wiederum kann aber doch nur „am Ende der Welt" passieren, weswegen die skurrile Stadt, die Feininger zunächst zeichnete oder malte und später, für seine Söhne, in Holz schnitzte, Quedlinburg und insbesondere dem Westendorf um den Finkenherd so sehr ähnelt, und weshalb Karl Schmidt-Rottluff von Quedlinburg als einer „richtigen Feininger-Stadt" sprach, obwohl Feininger nie hier war.

Wer Feininger war?

Ein Maler und Zeichner, der seine Blätter zuzeiten als „Leinoel Einfinger" signierte, ein leidenschaftlicher Fahrradfahrer, verliebt in die Ostsee und die alten thüringischen Dörfer um Weimar, ein durch den mutigen Entschluß eines Einzelnen gleichsam notadoptierter, geretteter, doch von Quedlinburg lange Zeit nicht angenommener „Sohn". Es dauerte bis 1985, ehe die Stadt einem der bedeutendsten und in allen großen Galerien der Welt vertretenen Künstler des 20. Jahrhunderts ein kleines Museum eröffnen konnte. Erst damit erhielt die vom Quedlinburger Hermann Klumpp über die Nazizeit gerettete Sammlung von Holzschnitten, Radierungen, Lithographien, Zeichnungen, Aquarellen und Gemälden eine neue Heimat und die von einer bornierten Kulturpolitik lange vorenthaltene Öffentlichkeit. Feininger hatte 1937 wegen der politschen Entwicklungen Deutschland verlassen und mit der Sehnsucht nach dem alten Europa 1956 in New York sterben müssen.

Über zwei Jahre lang hatte ich das Vergnügen, die meisten der in Quedlinburg vorhandenen Arbeiten Feiningers zwecks Inventarisation oder für eine Ausstellung in die Hände nehmen und betrachten zu dürfen: tiefschwarze Druckfarbe auf feinsten asiatischen Papieren, daß ich manchmal das Gefühl hatte, die Farbe sei schwerer als ihr Trägermaterial; transparenteste Aquarelle mit den typisch hakenden, an einem alten Lineal entlang gezogenen Tintengeraden oder krakelig vor Erregung, daß sie den Raum in Schwingungen versetzen. Atmosphärische Erscheinungen gewinnen fühlbare Festigkeit, Architektur löst sich in Lichtrhythmen, und das Meer, manchmal, scheint zu einem Meer aus Stein zu werden. Noch Feiningers Grotesken sind Transformationen in eine andere, geistigere Welt.

Ich weiß nicht, ob der alte Hermann Klumpp es war, der mich auf die Verwandtschaft zwischen Feininger im Hinter- und Klopstock im Vorderhaus aufmerksam gemacht hat, auf beider Neigung zu Verklärung und Vergeistigung. Der ehemalige Schüler des Dessauer Bauhauses, der Freund und Kenner Feiningers kannte vielleicht die Charakterisierung Klopstocks durch Schiller. „Man möchte sagen", so Schiller, „er ziehe allem, was er behandelt, den Körper aus, um es zu Geist zu machen […]." Doch war der Zwillingsbruder dieses Strebens nach dem Geistigen bei beiden warme, mitfühlende Menschlichkeit, die sich bis zu einer „Poésie engagée" steigern konnte. Feininger schnitt seine zum Symbol einer sozialistischen Zukunft stilisierte „Kathedrale" für das Manifest des Weimarer Bauhauses. Klopstock feierte die Französische Revolution. „Hätt ich hundert Stimmen, ich feierte Galliens Freiheit / Nicht mit erreichendem Ton, sänge die göttliche schwach." Und distanzierte sich von ihr, als sie bald im eigenen und später im Blut fremder Völker zu ersticken begann.

Schon 1899 richtete die Stadt ihrem berühmtesten Sohn ein Museum in seinem Geburtshaus am Schloßberg ein. Am 2. Juli 1724 war Friedrich Gottlieb in dem um 1570 erbauten, vornehmsten Fachwerkbau am Platz als erstes von siebzehn Kindern geboren worden, im schönsten Wohnraum des Hauses, dem von Säulen gestützten Erkerzimmer des ersten Stockwerkes. Zu diesem Zeitpunkt war noch nicht zu ahnen gewesen, daß sich die vermögende Familie mit der Generalpacht der Herrschaft Friedeburg ruinieren und es einen Freiplatz brauchen würde, damit der Erstgeborene die berühmte Fürstenschule in Schulpforta besuchen konnte. Zwar ging er von dort zum Theologiestudium. Doch wollte er schon damals der Dichter jener „Epopöe“ zum Ruhme Deutschlands werden, von der er in seiner Schulpfortaer Abschlußarbeit geschrieben hatte. Die Veröffentlichung der ersten drei Gesänge seines Hauptwerkes „Messias“ sollten den gerade 24jährigen schlagartig zu einer Berühmtheit und – dank einer Pension des dänischen Königs – sogar materiell unabhängig machen. 1750 zog er nach Kopenhagen, 20 Jahre später nach Hamburg, wo er 1803 starb. Seine alte Heimatstadt sah ihn nur noch besuchsweise.

Das nach ihm benannte Museum teilt sich der große Dichter heute bereitwillig mit drei weiteren, in Quedlinburg geborenen Vertretern der geistigen Elite des 18. und 19. Jahrhunderts:

Die durch ihren selbst als Arzt praktizierenden Vater geförderte Dorothea Christiane Erxleben, „Eheliebste“ des Diakons der Neustädter Nikolaikirche und Mutter von neun Kindern, erwarb gegen den Widerstand approbierter, sie nach dem Tod ihres Vaters der Kurpfuscherei bezichtigender, männlicher Kollegen 1754 als erste Frau in Deutschland den medizinischen Doktorgrad und hatte sich schon davor mit den Ursachen auseinandergesetzt, „die das weibliche Geschlecht vom Studieren abhalten“.

Johann Christoph Friedrich GutsMuths, Jahrgang 1759, war von 1785 bis in sein Todesjahr 1839 als Erzieher an der dem Philantropismus verpflichteten Bildungsanstalt in Schnepfenthal tätig und hat dort nicht nur zahlreiche, die Körperkultur betreffende, Bücher verfaßt, sondern auch den ersten Turnplatz Deutschlands anlegen lassen. Sieht man einmal von dem obligatorischen Siegesdenkmal für 1870/71 gegenüber dem Bahnhof und einer heroisch-erotischen Bronzegruppe mit dem verräterischen Titel „Friede durch Waffen geschützt“ ab (beide sind in die Schmelze zurückgeflossen, aus der sie einst gegossen worden waren), haben die Quedlinburger ihrem „Erz- und Großvater der Turnerei“ im Mummenthal das ansehnlichste der Denkmäler in der Stadt gestiftet. Anders als etwa der im Brühl versteckte Klopstock darf GutsMuths sogar als Ganzkörperfigur auf den Sockel, samt seinem berühmtesten Schüler Carl Ritter.

Ritter, wie könnte es anders sein, ist der vierte der um den Dichter versammelten Quedlinburger Elite und wurde neben Alexander von Humboldt zum Begründer der wissenschaftlichen Geographie, zu ihrem „Genius“, wie ein enthusiastischer Biograph ihn rühmte.

„Was bleibet aber, stiften die Dichter.“ Was bleibt aber von den Dichtern? Beschriebenes, bedrucktes Papier? Die kühne Behauptung des Klopstock verehrenden jungen Hölderlin könnte einem im Hals vertrocknen angesichts der Gebirge ungelesener und zuweilen gelesener Manuskripte.

So hat der Dichter ausgesehen, sagt ein Bild an der Wand: die einem Höheren zu gehobene Pupille, vom Schlupflid begütigt. Das ist Kopenhagen, das seine Liebe, jene seine erste Frau. Das ist Hamburg. Kein deutscher Dichter ist je so feierlich beerdigt worden. Die Schiffe im Hamburger Hafen flaggten Halbmast. Erstausgaben, Handschriften, Briefe, auf denen man Fingerabdrücke zu erkennen glaubt. Abermals Stiche, Reproduktionen, Faksimiles.

In einer schmalen, in der Wand versenkten unscheinbaren Vitrine oberhalb der Stiege werden, fast etwas verschämt, Dinge „aus Klopstocks persönlichem Besitz“ gezeigt: ein 1649 in Amsterdam verlegtes Buch über das Londoner Theater, eine Brille, eine Mütze aus Samt, ein Ring, ein Brieföffner und ein Tintenfaß mit ramponierten Kielen, eine Bleistiftverlängerung, ein rundes Bastschächtelchen und eine Schnupftabakdose, die er vielleicht in Mußestunden beim Tee benötigte, von dem eine Kanne und eine Tasse blieben, aus Porzellan, mit schöner, natürlicher Planzen- und Tiermalerei, Insekten. Nur die verrosteten Schlittschuhe in der untersten Etage scheinen nicht ins Bild zu passen, weil man ihm weder den begeisterten Eisläufer abnimmt noch seine Gedichte kennt. Dreiundsiebzig Jahre ist er alt, als er seine „Winterfreuden“ schreibt, deren erste Zeilen hier zitiert seien: „Also muß ich auf immer, Kristall der Ströme, dich meiden?/Darf nie wieder am Fuß schwingen den Flügel des Stahls?/Wasserkothurn, du warest der Heilenden einer; ich hätte/Unbeseelet von dir, weniger Sonnen gesehn!/Manche Rose hat mich erquickt; sie verwelkten! Und du liegst,/Auch des Schimmers beraubt, liegest verrostet nun da!“

domus consulum

Die Stadtregierung Quedlinburgs widerstand dem Ende des 19. Jahrhunderts grassierenden Virus wilhelminischer Repräsentationsarchitektur im Gefolge der neuen Reichsgründung des Jahres 1871 nicht aufgrund knapper Kassen, sondern aus Überzeugung. Man mochte mit der notwendigen Erweiterung des Rathauses nicht

Rathaus während der Umbauarbeiten um 1900

einen über Jahrhunderte hinweg gewachsenen Organismus sprengen, in den man sich vielleicht selbst, als einzelner Mensch, als Familie, eingebaut empfand, wie ein Winkelholz, eine Kopfstrebe, ein Brustriegel in einem Fachwerkhaus, an dem schon das nächste lehnte und das sich wiederum selbst dem Giebel seines Nachbarn zuneigte. Natürlich, im Hintergrund fielen Häuser, wie schon viele Häuser auch in der Altstadt gefallen waren, wie die Stadttore und die meisten der Stadttürme.

Doch die Firstlinie des 1310 erstmals als „domus consulum" in Quellen auftauchenden Rathauses blieb. Es blieb der breite, den dreieckigen Markt beruhigende Schieferhorizont über der von wildem Wein überwachsenen Fassade, gerade noch fertiggestellt vor dem Dreißigjährigen Krieg, ein Idealbild maßvoll sich versammelnden Bürgersinns.

Schon diese letzte Modernisierung war konservativ gewesen, nicht nur weil sie der Stilentwicklung etwas hinterherhinkte. Mehr als das Türmchen zu seiner Linken anzeigt, ist der Bau in seinem Kern gotisch und in seinem Wesen mittelalterlich, retrospektiv geblieben. Die Göttin des Wohlstands, die sich die Quedlinburger im gesprengten Giebel des kleinen Portals genehmigten, sie ist nicht einmal lebensgroß. Und in dem unter ihr eingefügten Wappen dröhnt das Jahr 1477 nach, in dem die Äbtissin Hedwig von Sachsen dem von der Reichsfreiheit träumenden Gemeinwesen das Symbol der freien Stadt, den Roland, vom Sockel reißen ließ und dem Reichsadler ein Stiftswappen auf die gedemütigte „Hähnchenbrust" drückte. Erst 1869 sind die als Trümmerhaufen im Hof des Ratskellers die Jahrhunderte überdauernden Bruchstücke des „ollen Rolli" wieder zusammengefügt, nun direkt vor dem Rathaus aufgestellt und mit einem barocken Gitter umfriedet worden. Es erinnert an einen aus heutiger Sicht unverzeihlichen Abriß einiger stattlicher alter Fachwerkhäuser Ecke Markt/Blasiistraße Anfang der achziger Jahre des 19. Jahrhunderts, zu dem auch das mit Fächerrosetten geschmückte „Stadt Frankfurt" zählte.

Die unter anderem mit der Auslieferung aller bis dahin erworbenen Privilegien verbundene Unterwerfung des Jahres 1477 ist eine der Szenen, die sich der Quedlinburger Rat auf der Schwelle des anbrechenden 20. Jahrhunderts von dem Berliner Künstler Otto Marcus in die Täfelung des neuen Festsaales der Rathauserweiterung malen ließ. Marcus zählte damals zu den herausragenden Zeichnern des „Wahren Jacob", einer überaus populären satirischen Zeitschrift der deutschen Sozialdemokratie. Auf dem Umschlag einer Maifestschrift des Jahres 1896 stellte der Künstler unter einem allzu schönen Posaunenengel mit Jacobinermütze und der Losung „Proletarier aller Länder vereinigt euch" die Utopie eines Zusammenschlusses von Land- und Industriearbeitern dar. Mag sein, daß es neben der an modernen zeitgenössischen Vorbildern geschulten Malweise gerade dieses engagierte politische Interesse war, das Marcus' Quedlinburger Zyklus zu einem der überzeugendsten Beispiele dieses Genres um 1900 werden ließ.

Die sich notwendig auf wenige Episoden beschränkende Erzählung der Stadtgeschichte erscheint nicht nur symbolisch, sondern tatsächlich im Licht der auf das runde Hauptfenster des Saales romantisch ausgemalten Legende um die Königswahl des Sachsenherzogs Heinrich:

Zunächst die Einführung der ersten Äbtissin Mathilde durch ihren Vater, Kaiser Otto I. Sein Enkel sollte im Jahr 994 dem Reichsstift jene großzügig ausgestatteten Marktrechte verleihen, die Quedlinburgs Aufstieg zur bürgerlichen Stadt und bald auch ihre zunehmende

Emanzipation aus stiftischer Schutzherrschaft ermöglichten. 1184 wurden ihre Bürger erstmals erwähnt, bereits 1229 ist von einem Rat die Rede.

Ihrem größten kriegerischen Erfolg gilt die zweite Tafel: dem Sieg über den als „Raubgrafen" zum Inbegriff des Bösen gemachten Albrecht II. von Regenstein. Der in Quedlinburg, im späteren „Hotel zum Bär", 1834 geborene Julius Wolff, vielgelesener Autor und Vertreter der sogenannten „Butzenscheibenliteratur", hat daraus einen Roman gemacht.

Der größten innenpolitischen Leistung, der offenbar tatsächlich taktvoll vollzogenen Vereinigung „beider Städte Quedlinburg", ist die dritte Tafel mit den forsch dahinreitenden Bürgermeistern gewidmet. 1327, neun Jahre bevor man den Regensteiner Grafen aus dem Sumpf zog, entwaffnete und in den im Schloßmuseum ausgestellten Kasten steckte, hatte die Altstadt die Voigtei über die Neustadt als Lehen von ihm erworben. Sie war damit Schutzherrin der jüngeren Schwesterstadt geworden, ohne allerdings diese Vormacht nur zum eigenen Vorteil auszubeuten.

Deswegen sind es auch zwei Bürgermeister, die – als Vertreter der bis zu diesem Zeitpunkt weitgehend autonomen Hansestadt – 1477 vor der Äbtissin und ihren beiden geharnischten Brüdern Ernst und Albrecht von Sachsen ihre Häupter beugen. Wenngleich die „beiden Städte" ihre wirtschaftliche Macht noch behaupteten, auf dem politischen Parkett schrumpften sie zur Marginalie.

Von den durchaus handgreiflichen Auseinandersetzungen der Reformationszeit wurde für die Nachwelt lediglich die Figur des blinden Predigers Benediktus Kirchhof als schon sehr weltferne Verheißung der bildlichen Überlieferung für würdig erachtet.

Beschlossen wird der Zyklus schließlich durch eine Darstellung der rüden „Besitzergreifung" Quedlinburgs durch brandenburgische Soldaten am 30. Januar 1698, denn August der Starke hatte aufgrund von Geldnöten die seit 1477 bei den Wettinern liegende Schutzherrschaft über Stift und Stadt kurzerhand und ohne Nachfrage an Brandenburg-Preußen verhökert.

Die Gemälde sind verkürzt zu interpretieren als Lebenskreis: von der glänzenden Metropole zur „genommenen", randständigen preußischen Provinzstadt. So, scheint es, verstand der Quedlinburger Bürger im Jahr 1901 die eigene Geschichte nicht, mit einem fernen, zudem gewonnenen Krieg und dem entsprechenden Kapital im Rücken, der Eisenbahn und dem neuen Jahrhundert vor der Tür, einem „Kaiserlichen" Postamt und einem „Königlichen" Gymnasium immerhin, einem städtischen Schlachthof, Gaswerk, Wasserwerk, demnächst ans Netz gehendem Elektrizitätswerk, ganz zu schweigen von der jenseits der Gleise am Klopstockweg sich entwickelnden Industrie. Vor allem wegen der Gärtnereien von Weltruf mußte der Maler noch einmal heran, für das Panorama einer blühenden Landschaft, in deren Nest die mittelalterliche Stadt, rechter Hand preußische Kürassiere in schmucken Uniformen, links Stammvater und Junior des mittlerweile als Gebrüder Dippe AG operierenden Samen- und Pflanzenzuchtbetriebes, der das Bild zahlte, tüchtiges Werkvolk dazwischen, ein freundliches Bild in hellen Farben endlich, ein Sommerstück, das die versackte Geschichte – als würdige Fortsetzung von Heinrichs Krönung – in eine bessere Zukunft führte.

Man muß bedenken, daß allein die Firma Gustav Adolf Dippes, die 1850 mit zwölf Hektar begann, fünfunddreißig Jahre später reichlich zweitausend und 1924 fünftausend Hektar bewirtschaftete, in ihren Hochzeiten über zweitausend Mitarbeiter in den Lohnbüchern hatte. In ihrem Auftrag arbeiteten Vermehrungsbetriebe nicht nur in Deutschland, sondern auch in Holland, Dänemark, in Frankreich und auf dem Balkan. 1935 deckten die Quedlinburger Unternehmen zwanzig Prozent des deutschen Samenbedarfs für Futterrüben, fünfundzwanzig Prozent für Zuckerrüben sowie sage und schreibe siebzig Prozent für Gemüse ab. Das Saatgut für ein Drittel des Gemüseanbaus der ganzen Welt kam von hier.

Die zum Teil noch vorhandenen Wirtschaftsgebäude des Hauptsitzes der Gebrüder Dippe AG am Neuen Weg und anderer Betriebe kontrastierten mit den amorphen Straßenzügen der Altstadt ebenso wie die farbige Geometrie der sich bis in die Stadt hinein erstreckenden Anbauflächen. Die strengen, monolithischen Quader von Speicherbauten und Gewächshäusern ähnelten den klerikalen Großbauten des Mittelalters und bildeten wie diese eine ganz eigentümliche Symbiose mit der über Jahrhunderte gewachsenen, vielgestaltigen Struktur des alten, multifunktionalen Siedlungsgeflechts, eine Symbiose, die abgestorben ist und deren Spuren zusehends verschwinden und durch andere Nutzungen verwischt werden.

Was nach den schweren Einbrüchen zweier Weltkriege, ja selbst unter Verstaatlichung und Planwirtschaft gehalten oder wieder aufgebaut worden war, der mit der deutschen Vereinigung die Geschäfte bestimmende Markt hat es trotz staatlicher Gegensteuerung auf ein Bruchteil des einstigen Niveaus „reguliert“. Nur einer der ehemals so zahlreichen mittelständischen Zucht- und Handelsbetriebe hat seine Existenz sowohl gegen die Bedrückungen der Plan- als auch gegen die Konkurrenzen der Marktwirtschaft behaupten können. Und ich bilde mir nun ein, daß im Blütenmonat des Jahres 2001 ihm zu Ehren die 1944 eingeschmolzene „Flora“ wieder auf den ihr zustehenden Sockel gehoben worden ist, ein haltbares Zeichen der Hoffnung im flutenden Kreisverkehr vor dem Bahnhof.

Das wäre im Sommerbild des Festsaales vielleicht noch unterzubringen, ebenso wie ein Haufen Leute mit dem Transparent „Wir sind das Volk“, womöglich vor den preußischen Reitern. Und aus dem offenen Himmel könnte eine Art neuzeitlicher Engel herabkommen, predigend von „blühenden Landschaften“. „Arthur, Arthur“, riefen die Leute und schmissen das Transparent auf ihren Kohl. Wie hatte doch Arthur der Engel in diesem Trickfilm gesungen? „Steckt die Karre im Dreck, ich zieh sie weg. Auf mich ist Verlaß, glaubt mir das.“ Da erwachte der alte Kinderglaube, denn jener schien diesem zu gleichen. Und tatsächlich hatte der Engel ein kleines schwarzes Köfferchen mit der „Parkgebühr“ für seinen Hubschrauber dabei, für die man zunächst einmal ein paar der alten Häuser in Ordnung bringen konnte. Nur das Parlament der neuen Bundesrepublik ist schließlich von Bonn doch nach Berlin und nicht nach Quedlinburg gezogen, trotz der freundlichen Ermunterung durch den Bürgermeister des Nachbarstädtchens Thale, der wohl auf die ebenfalls beflügelten Abgeordneten und Ministerialen spekuliert hatte.

Offenes Denkmal

Vis-à-vis vom Eingang der hinter dem Rathaus (oder davor, wer will das sagen?) mit Turm und Dachgrat den Stadthimmel öffnenden Marktkirche St. Benedicti steht am Ende einer Reihe von Fachwerkhäusern das „Goetzesche Mausoleum“, ein kleines, steinernes Grufthaus aus der Zeit des Barock. 1726 war es für den im selben Jahr verstorbenen Kaufmann Christoph Gebhardt erbaut worden. 1771 hat es Bürgermeister Andreas Goetze erneuern lassen. Außer dem konkreten Gedächtnis an die dort zur letzten Ruhe gebetteten Familien erinnert es an den alten Marktkirchhof. Erst die um Verbesserung der hygienischen Verhältnisse bemühte westfälische Regierung nämlich untersagte im Jahr 1811 Beerdigungen auf innerstädtischen Friedhöfen und ließ die den Kirchhof umgebenden Mauern abreißen. Auch die Töpfer und Schuhmacher, die bis dahin aus zwischen den Gräbern aufgestellten Buden ihre Waren verkauft hatten, mußten nun das Feld räumen. Nun erst, so scheint mir, hörte jenes „Mittelalter“ auf, als dessen atemberaubende Eigenart immer wieder die ungetrennte, scheinbar übergangslose Gleichzeitigkeit aller menschlichen Verrichtungen hervorsticht. Um das Rathaus kreiselte der fühlbare, sichtbare, greifbare, riechbare Kosmos einer wahrhaft urbanen Existenz zwischen Handwerk und Handel, Rat und Richtspruch, Geburt und Tod, Arbeit und Feier. „Piept in’t Lock/Stiekt in’t Lock/Griept in’t Lock“ war eine typische volksmündliche Art, dieses Zusammenhängen alles Lebendigen auf einen Nenner zu bringen, und konkret auf jenes Dreigespann gemünzt, für das der Rat „BEIDERSTEDTE QVEDLINBVRGS“ 1688 durch den Zimmermeister Martin Lange ein Fachwerkhaus am Marktkirchhof hatte bauen lassen. Wo heute Gäste in stimmungsvollen Appartements ihre Ferien verbringen, lebten früher Stadtpfeifer, Büttel und Hebamme, wobei man sich darauf beschränkte, lediglich die Trompete an der Fassade zu verewigen.

Der Stadtpfeifer und seine Gesellen spielten den weltlichen Part des städtischen Musiklebens jener Zeit, der mit einer künstlerischen Ausbildung geadelte und ihnen übergeordnete städtische Kantor den geistlichen. Die Namen des in Quedlinburg als Organist tätigen Johann Georg Werckmeister und des hier 1716 als Sohn eines Stadtkantors geborenen Komponisten Johann Heinrich Rolle sind die beiden hellsten Sterne am Quedlinburger Musikerhimmel.

Beide, der Kantor wie der Pfeifer, waren in ihrem Amt an die Hauptkirche der Stadt, die Marktkirche St. Benedicti, gebunden. Und während der eine vermittels seiner Musik das heilige Feuer des Glaubens in den Herzen der unter ihm in ihren reichen Priechen Hokkenden zu entfachen suchte, hatte der andere, der zugleich als Turmwächter fungierte, jenes wirkliche, profane Feuer zu melden, das nicht nur einzelne Häuser, sondern ganze Stadtteile vernichten konnte, so beispielsweise 1676 das an Steinbrücke, Word und Neuem Weg oder 1797 – als amüsiere sich das Unglück an Zahlendrehereien – das an Steinweg, Augustinern und Reichenstraße.

Neben dem Feuer und der seiner biologischen Herkunft geschuldeten, vergleichsweise raschen Vergänglichkeit, waren es vor allem die Modernisierungsschübe der

Häuserreihe am Marktkirchhof, rechts das Stadtpfeiferhaus; historische Aufnahme

jüngeren Zeit, die der mittelalterlichen Fachwerkstadt zusetzten. Das ambivalente Verständnis der Gründerzeit ist schon angedeutet worden. Ein sprunghaft anwachsendes historisches Wissen und Interesse, das sich bis in die „industrielle“ Nachahmung historischer Bauformen verstieg, denunzierte sich gleichzeitig durch die Vernichtung von unwiederbringlicher Originalsubstanz. Die planmäßige, in detaillierten Abrißplänen gipfelnde Vernachlässigung kontinuierlicher Erhaltung ganzer Stadtteile war es, die Quedlinburg zwischen den sechziger und achtziger Jahren des 20. Jahrhunderts von den „unwürdigen“ Wohnverhältnissen in den „Katen des Feudalismus“ befreien sollte.

Eine der radikalsten der überlieferten Varianten sah in Alt- und Neustadt lediglich die Erhaltung der Bebauung um Markt und Kornmarkt, Steinbrücke, Steinweg und eines Teiles der Pölkenstraße vor. Alle übrigen Flächen innerhalb der mittelalterlichen Stadtmauern wurden zu „Neubauflächen“ erklärt. Ein Modell des Jahres 1968 stellte in der nördlichen Neustadt jenseits des Steinweges bereits die verwechselbaren Quader sozialistischer Plattenbauten auf.

Nur vor diesem Hintergrund wird die positive Resonanz verständlich, die man etwa den 1975 beginnenden „Restaurierungen“ einzelner Häuser durch die Staatlichen Werkstätten für Denkmalpflege aus dem polnischen Thorn entgegenbrachte, obwohl sie sich anfangs lediglich damit begnügten, maßstabgerechte Neubauten aus Stein mit den alten Fassaden zu dekorieren. Selbst die 1984 anlaufende, historische Maße und Accessoires aufnehmende Neubebauung der nördlichen Altstadt zwischen Schmale Straße, Neuendorf und Marschlingerhof, einmalig in der DDR, ist nur gegen härteste Widerstände durchgekämpft und schon deswegen als Fortschritt in der Bewahrung historischer Stadtbilder gegen die „Platte“ gefeiert worden. Im Grunde aber zeigten diese „Notgeburten“ nicht nur den Bankrott der sozialistischen Ideologie und Denkmalpflege, sondern zugleich den der zeitgenössischen Architektur an. Ihr nämlich ist es bis heute augenscheinlich nicht gelungen, Fachwerk als Wachsendes, als „Netzwerk“, als sich spielerisch ändernde Struktur modernen städtischen Bauens neu zu begreifen, weiter zu entwickeln und auch so die wertvolle historische Substanz vor ihrer „Verdenkmalung“ zu bewahren.

Wie in der modernen Medizin ist dank High-Tech heute auch in der Denkmalpflege so ziemlich alles möglich und selbst der Klon längst Realität. Ob das immer gut ist, darüber mag man geteilter Meinung sein. Das romantische Ethos eines John Ruskin jedenfalls haben wir diesbezüglich hinter uns. „Bewacht ein Bauwerk“, so schrieb er 1849, „mit ängstlicher Sorgfalt; [...] zählt seine Steine wie die Edelsteine einer Krone; stellt Wachen ringsherum auf wie an den Toren einer belagerten Stadt, bindet es mit Eisenklammern zusammen, wo es sich löst; stützt es mit Balken, wo es sich neigt; kümmert euch nicht um die Unansehnlichkeit solcher Stützen, besser eine Krücke als ein verlorenes Glied. Tut dies alles zärtlich und ehrfurchtsvoll und unermüdlich, und noch so manches Geschlecht wird unter seinem Schatten erstehen, leben und vergehen.“

Die Tatsache, daß die einstige „Hauptstadt des Ostfränkischen Reiches“, diese „Perle im Herzen Europas“ (Bernd von Droste zu Hülshoff), mit der Altstadt, dem Westendorf mit Schloßberg sowie dem Wipertikloster und dem Münzenberg im Dezember 1994 in die Welterbeliste der UNESCO aufgenommen worden ist und dort nun zum Beispiel neben dem Aachener Dom, Venedig oder – neuerdings – den Gärten von Wörlitz steht, mag andeuten, wie viele Bauwerke im Sinne Ruskins hier zu bewachen, wie viele Steine beziehungsweise Hölzer zu zählen sind, was auf welche Weise am Leben erhalten werden kann.

Allein circa eintausendunddreihundert Fachwerkhäuser kann man noch heute in Alt- und Neustadt, Westendorf und den Vorstädten zählen, ein nicht nur im übertragenen Sinn offenes „Buch“ des niedersächsischen Fachwerkbaus, weil noch über Jahre, wenn nicht Jahrzehnte hinaus so umfangreiche Sanierungen an dem lange Zeit vernachlässigten Bestand notwendig sein werden, daß aufgerissene Brachen, entblößte Giebel, fragmentierte Ruinen und beeindruckende Balkenskelette ebenso zum Stadtbild gehören werden wie wunderbar, „ehrfurchtsvoll“ Gerettetes.

Neben dem einzelnen Haus, das auffällt, ist es doch vor allem der Zusammenklang, der fasziniert, der Rhythmus einer ganzen Straßenzeile, das Staccato verschachtelter, schlanker Giebel, die Soli einzelner, nach vorn und wieder zurücktretender Fassaden, das Parlando der

Sogenanntes „Klein Venedig“ an der Steinbrücke; historische Aufnahme

aufeinander folgenden Reihungen der Ständer, mit den Horizontalen der Riegel verhakt zu einer störrischen, von Generationen von Zimmerleuten komponierten, vielstimmigen Motette aus Holz.

Die Melodie der architektonischen Formen und Konstruktionen hebt an mit der verblüffenden Simplizität des gotischen Ständerbaues und führt, auskragend, zu der in kraftvoller Farbigkeit, mit Schmuckformen wie der Fächerrosette auch sinnbildlich erblühenden Hochzeit der Renaissance. Freilich beginnt man schon, Bauschmuck und konstruktive Elemente aus dem für wertvoller erachteten Steinbau zu imitieren. Der Barock schließlich schichtet den standardisierten Backstein in Mustern in die bis dahin mit jener zähen Füllung aus Holzgeflecht und Lehm geschlossenen Gefache, bemalt den Putz mit Ornamenten, marmoriert ihn gar und schneidet die einst mit Schnitzereien verzierten Balkenköpfe in die für Quedlinburg typische Pyramidform. Ehe in der jüngeren Vergangenheit der Historismus einzieht und das Holz in die Maschinenform zwingt oder schamhaft gänzlich unter Putz und Verschalungen verschwinden läßt, ist es dann die kühle und sachliche Noblesse des Klassizimus, die das eigenständige, charaktervolle Wesen der Kunst des Fachwerkbaus vielleicht ein vorläufig letztes Mal ernst nimmt. Um diese Nuance der Aufgeklärtheit, einer nüchternen Gelöstheit, bereichert, harrt dieses offene Ende einer großen Tradition noch immer der lebendigen Fortführung.

Alles, was du siehst, ist dein

Und alles, was ich sehe, ist mein.

Mein Quedlinburg hat angefangen im blinden südlichen Winkel, von der stadtseitigen Treppe des Münzenberges aus gesehen. Ein vorläufiges Ende fände sich vielleicht in den Augen der beiden trauernden Grazien auf dem Giebel des „Goetzeschen Mausoleums“. Jede von ihnen weint nur mit einem Auge, das andere ist tränenfrei, wenn es auch nicht geradezu lacht. Dazwischen bleibt Melancholie und die Erkenntnis, daß das meiste naturgemäß unerwähnt, aber auch übrig bleibt für die unzähligen anderen Quedlinburgs in unseren Köpfen. Unter zunehmend sichtbarer werdendem Mondschein könnte der Weg quer durch die Stadt nochmals Richtung Brühl gehen. Klopstocks Denkmal bei Nacht.

Noch 1922 gerät der Geheime Studienrat Kleemann in seiner anläßlich der Tausendjahrfeier verfaßten Stadtgeschichte in regelrechte naive Schwärmerei angesichts der Leute „beiderlei Geschlechts“ und „niederen Standes“, die „nach des Tages Arbeit“ den Brühl aufsuchen. „Sie spielen dann dort, sie halten ihre Mahlzeiten unter den grünen Blättern der Bäume, sie essen dort ihren Schinken und trinken reichlich Broihan und Gose dazu; erst spät abends kehren sie heim.“ Also hätten weder die schon 1277 durch eine Äbtissin namens Bertradis veranlaßte Knoblauchsaat gegen die liebestollen Mönche von St. Wiperti noch die zahlreichen, über die Jahrhunderte gemachten kultivierenden Eingriffe den eingeborenen Charakter dieses alten, mit Elfen, Feen und Geistern belebten Waldes tilgen können?

Vom Schiffbleek her erweckt der Brühl selbst bei Mondschein den Eindruck einer kleinen, im Vorgarten aufgebauten gründerzeitlichen Leistungsschau, bestehend aus einem Wasserwerk, einem Gedenkstein für den verdienstvollen Bürgermeister Gustav Brecht, einem Kiosk und einem gußeisernen Wetterhäuschen, dessen Hygrometer am 28. Juli 1998 nach kräftigem Ausschlag stehengeblieben ist, zumindest war das so bis zum 2. Juli 2001. Auch Carl Ritter hat noch ein Denkmal, ein Kopf, der ein bißchen teuflisch aussieht, in einem steil aufragenden gotischen Gehäuse, schon unter hohen Bäumen, an einer großen Rasenfläche, auf die der Mond sein Licht streut. „Let the minds flow“, steht an der Tür einer Fertigteiltoilette in der Nähe des ehemaligen Gasthauses „Brühl“. Irgendwo hier befindet sich auch ein Natursteinobelisk mit der Aufschrift „Mitschurin“. Und irgendwie ist es schon am Tag schwierig, Klopstocks Denkmal zu finden, denn es steht versteckt, in der Nähe einer größeren Wiese (da sehe ich mondbeschienene Heuhaufen), etwa in der Mitte zwischen dem barocken Wegestern und der englisch gestalteten Partie zur Bode hin, unter zwei hohen Bäumen. Waren es Eichen? Meine Augen müssen sich erst an die Dunkelheit gewöhnen. Da findet der Mond eine Lücke im sich plötzlich bewegenden Geäst, und Klopstocks bronzener Kopf glänzt für einen Moment wie ein stillstehender Komet. Mir fällt mein Lieblingsgedicht von ihm ein. „Willkommen“, habe ich gerade gesagt, da erscheint ein zweiter Kopf und ein dritter, und ein Windstoß macht, daß wir vier für einige Sekunden im vollen Mondlicht stehen, ehe es wieder dunkel wird.

Gasse am Schloßberg

Münzenberg, Schornstein der Schwarzen Küche

Seiten 22/23: Blick auf den Münzenberg

Partie auf dem Münzenberg

No 50

Partie am Schloßberg

Stiftskirche

Seiten 26/27: Schloßberg mit Stiftskirche

Stiftskirche, Adlerkapitell (oben) und Langhaus nach Westen (rechts)

Seiten 30/31: Schloß

Seiten 34/35: Lyonel Feininger Galerie

deut
sch
land
rund
fahrt
LYONEL
FEININGER
GALERIE

LYONEL FEININGER
SAMMLUNG
Grafik · Handzeichnungen · Gemälde

KLOPSTOCK
MUSEUM

Am Schloßberg

Klopstockhaus

Seiten 36/37: Schloßberg

Seiten 40/41: Finkenherd

Kaiser

Keramik
BÜCHER
LITERATUR ZUR GESCHICHTE

Marktkirche, David

Seiten 42/43: Blick vom Münzenberg zur Marktkirche *Marktkirche, Chor*

Marktkirchhof, Grufthaus

Schneemelcherhaus

Seiten 48/49: Alter Klopstock

28

GOT AVS NOT ABGVNST IST GROS

Adler u. Rats Apotheke

Hauszeichen in der Breiten Straße

Am Kornmarkt

Seiten 52/53: Marktplatz, Haus Grünhagen

»Klopper«
Rezeption
Büro
Geschenkartikel
BENDERT
Souvenir
Spielzeug

Haus Grünhagen
HIER ENTSTEHT EIN
JUGENDLADEN
UNSERE FÜHRUNGEN

Rathaus, Portal

Marktplatz mit Rathaus

Roland am Rathaus

Marktplatz mit „Hotel zum Bär"

Seiten 58/59: Word

OTEL ZUM BÄR
HOTEL ZUM BÄR
SPORT
CIERPINSKI
Tel.:(03946) 27 62

Fachwerkmuseum Ständerbau und St. Blasii

St. Blasii, Chor und Altar

Quedel-Brunnen

Blick über die Lindenbeinsche Villa zum Schloßberg

Seiten 64/65: Blick vom Münzenberg zu St. Blasii und zur Nikolaikirche

Die Pölle

Die Hölle

Seiten 68/69: Blick durch die Pölkenstraße zur Nikolaikirche

Mente
GIANT BIKES

PARKSCHEIN-
AUTOMAT
DER BLUMENLADEN

Zur Golden

Ihre Friseur GmbH Quedlinburg

Jugendstilvilla am Harzweg

Seiten 70/71: Mathildenbrunnen

Jugendstilvilla an der Wallstraße

Seiten 74/75: Neustadt mit Nikolaikirche

Blick über die Wipertikirche zum Schloßberg

Wipertikirche, Krypta

Seiten 78/79: Blick von der Altenburg

Seite 80: Wipertifriedhof und Münzenberg